AF310872

PAR

M. OCT. CHAMBON

PRIX : 1 FRANC

AUXERRE

Imprimerie Auxerroise, 8, Rue du Collège

1904

ROME

LES SOUVENIRS

D'UN JOURNALISTE

PAR

M. Oct. CHAMBON

8° K
3637.

A Sa Grandeur Monseigneur DIZIEN, Evêque d'Amiens

ET

A tous mes Amis

Oct. Chambon.

MONSEIGNEUR DIZIEN, ÉVÊQUE D'AMIENS

LES SOUVENIRS

D'UN JOURNALISTE

———— ❁ ————

CINQ JOURS A ROME

« Non Peribitis »

Mon Cher Ami,

Vous voulez donc absolument mes impressions sur
Rome : pourquoi faut-il que j'en sois revenu, ici,
dans le feu de la lutte électorale, vous les aurez
moins vivantes, et plus écourtées ?

D'abord, il n'y a rien qui vous fasse autant plaisir,
après un hiver passé dans les rudes labeurs de la
presse et de la tribune, après des semaines de grippe,
pendant lesquelles le brouillard vous tient à la gorge,
comme d'entendre une voix aimée qui vous crie avec
autorité : « Pas de réplique, s'il vous plaît ; demain,
vous aurez la bonté de ne plus songer ni au passé, ni
à l'hiver, ni à la grippe, et de venir nous retrouver
à Chaumont. Nous partons sept ou huit cents
d'Amiens et des départements voisins, et nous vous

emmenons sous le beau ciel d'Italie, par le lac des Quatre-Cantons, le Saint-Gothard, pour arriver à Rome, la ville de l'éternelle Lumière et de l'éternelle Vérité... Pas d'objections. Lundi, Chaumont, nos bras vous sont ouverts. »

Et c'est ainsi que léger de bagages, et, ma foi, l'âme bien contente, le lundi 11 avril, je prenais le train, qui commence par m'emporter dans la capitale de cette Champagne qui reste pour moi la bien-aimée.

Le printemps s'était levé sur les plaines déjà verdies, et vous pensez que les clochers qui défilaient à l'envi, me touchaient à l'endroit sensible... J'en reconnaissais que mon enfance avait affectionnés et dont les pierres me parlaient en quelque sorte... Et de temps en temps, dans les gares, j'essayais d'écouter la voix des cloches, qui avaient bercé ma jeunesse, et chanté les joies de ma Première Communion...

C'était donc vrai que je m'en allais, comme on va au Paradis, puisqu'à Troyes, m'attendait une béné-diction, pleine d'encouragements, aux pieds d'un Pontife dont le cœur, aussi noble que le caractère, est toujours ouvert aux petits soldats qui donnent leur vie à l'Eglise et à la France.

Oui, j'étais heureux déjà dans ce palais épiscopal de Troyes, de revoir le vaillant évêque Monseigneur Pélacot, près duquel je retrouvais aussi les maîtres pieux à qui je dois toutes les joies, tout l'honneur, tout le bonheur de ma vie...

Pourquoi faut-il que je sois obligé d'aller vite pour les traduire, ces émotions, comme les ressent mon âme qui se rajeunit à ces souvenirs ? — « Je vous envie, me disait Monseigneur de Pélacot, car vous allez voir Pierre. Dites-lui notre admiration, notre amour filial, notre confiance... Dites-lui... » Mais, mon cher ami, tout ce que m'a dit l'évêque de Troyes ne vous regarde pas, ni le public non plus...

Chaumont

Rapide comme l'éclair, le train file donc sur Chaumont où, à quatre heures du soir, arrivaient, joyeuses, des foules de pèlerins. Il en venait de tous les côtés : du fond de la Bretagne et de la Vendée, de la Normandie avec Monseigneur d'Evreux, quelques-uns de nos compatriotes, et enfin le train bondé de la Picardie dans lequel nous cherchons de suite l'évêque, que vous aimez comme moi : Monseigneur Dizien.

Il faut s'attendre à tout dans la vie, et même sur le chemin de Rome il est entendu qu'il y a des épines et des épreuves. Ce fut un chagrin, lorsque je vis la pointe de tristesse qui se lisait sur le visage des Amiénois...

Les grèves maudites retenaient à son poste le Pasteur qui s'était fait une joie de les conduire à Rome ; ils nous montraient les journaux du pays qui avaient des nouvelles alarmantes de la situation, et ils nous disaient le sacrifice grand que faisait leur cher évêque.

On ajoutait bien qu'il arriverait peut-être à Rome si les passions se calmaient, mais non, l'émeute devint plus menaçante, et nous ne devions pas voir le Pontife qui eut à cœur d'aller jusqu'au bout de son devoir intégral de Pasteur et d'Evêque.

Le Chanoine Vitasse

Ah ! par exemple, Monseigneur Dizien avait délégué
un de ses prêtres bien méritants, doublé d'un infatigable apôtre et d'un organisateur de premier ordre,
c'est le chanoine Vitasse, dont le nom ne vient pas
sous ma plume sans un souvenir de mon âme recon-
naissante. Tous ceux qui ont eu affaire à lui au cours
de ce beau voyage (et tout le monde le cramponnait,
pour me servir d'une expression qui rend mieux ma
pensée) n'ont eu qu'à se louer de son zèle, de sa
charité, de son éloquence et de sa piété. Il avait à
conduire des pèlerins ; il était surtout préoccupé de
faire du bien à leurs âmes. Il a réussi.

C'est une énorme responsabilité que celle d'un
pèlerinage de 7 à 800 Français, Françaises, dans un
train spécial, où chacun recherche bien un peu ses
aises, où tous ont des bagages encombrants, des
soucis, des préoccupations... et même des exigences.
L'abbé Vitasse s'est fait tout à tous, et je suis sûr de
traduire les sentiments de tous les pèlerins en le
remerciant de son inoubliable dévouement.

Monseigneur d'Evreux

La Providence, qui sait toujours être bonne à ceux
qui sont éprouvés, n'a pas voulu, comme on dit,
nous laisser orphelins. Monseigneur Meunier, évêque
d'Evreux, nous rejoignait donc à Chaumont, et, avec
son grand cœur, sa simplicité, sa bonté, il eut vite
fait de conquérir la sympathie générale. D'ailleurs,
nous trouvions, à ses côtés, des hommes, prêtres et
laïques qui nous eurent vite fait faire connaissance
avec le prélat. Mais c'est un évêque adoré dans

M. LE CHANOINE VITASSE

Vicaire général honoraire

son diocèse que le Pontife vénéré d'Evreux, et il a des collaborateurs qui sont aussi aimables et aussi bons que lui ! Li ma plume ne les nomme pas, ces charmants compagnons de route, je tiens à dire que mon affection les retient et les englobe dans un sentiment de respectueuse sympathie.

Ajoutez à ceux d'Evreux et à ceux d'Amiens, M. Junot, le directeur de l'Agence des Voyages pratiques, son collaborateur M. de Thorigny, le dévoué M. Cadot, et de Chaumont jusqu'à Rome, avec des hommes aussi charmants que ceux-là, dites-vous qu'on ne s'ennuie pas...

Jusqu'à Lucerne

Le journaliste ne peut pas être que pèlerin en voyage. Et je vous ai promis, mon cher ami, ainsi qu'à mes lecteurs, un ensemble d'impressions qui serviront peut-être un jour à d'autres, car combien voudraient y aller et y retourner, à Rome ! C'est donc entendu que j'aurai le droit de noter, de commenter, de me détacher un peu du groupe pour songer à mes amis. Oh ! cette race de journalistes ! S'ils n'avaient pas le droit de s'émanciper, ils le prendraient, vous savez !

Après Vesoul, où nous dînons au galop, la nuit vient, froide jusqu'à Lucerne où nous descendons à 4 heures du matin. La gare est déserte, et nous voilà partis à la recherche d'un hôtel qui nous donnera un lait chaud en attendant le jour et le départ du bateau sur le lac des Quatre-Cantons.

C'est une ville bien curieuse que Lucerne, assise au bord d'un lac incomparable, ville catholique en grande partie, et qui regorge à la belle saison d'étrangers avides des beautés de la nature.

Je passe rapidement sur son fameux monument : le Lion de Lucerne, bien qu'il soit de belle envergure. Il est long de 9 mètres et haut de 6. Il expire percé d'une lance, en couvrant de son corps un bouclier fleurdelisé. On sait qu'il a été élevé à la mémoire de la vaillante petite légion de Suisses (environ 800), qui sont morts à leur poste en défendant la famille royale (août-septembre 1792).

Au-dessous sont gravés les noms des officiers et soldats : tout à côté, la chapelle avec l'inscription qu'on voudrait voir un jour mettre sur la tombe des catholiques de France : *Pax invictis*.

Quel spectacle ravissant s'offre à nos yeux lorsque nous prenons le bateau, et que notre regard englobe cette ville assise là comme une reine, avec tout autour ses murailles crénelées, ses superbes clochers, ses collines couvertes de maisons de campagne, à l'aspect si original et si pittoresque... Quel spectacle ! lorsque, bercés sur ce lac incomparable, nous voyons pour ainsi dire défiler les sommets neigeux du Righi et du Pilate, et tout autour des horizons qui font rêver d'infini.

J'ai dit plus haut qu'à Lucerne les catholiques sont la majorité, une majorité d'hommes libres, car on les voit dans les églises, les hommes, et ils n'ont pas peur d'y faire le signe rédempteur. Ils ne font pas la guerre au Christ, les braves Suisses, ils le glorifient ; du milieu du lac, en passant, nous apercevons, tout en haut, un beau calvaire avec un *Ecce homo* dont les bras s'ouvrent tout grands. — « C'est le moment de saluer la victime des Juifs et des impies », nous dit un voisin.

— Si nous chantions la Croix Rédemptrice, répond l'autre !

Et debout sur le pont, 700 poitrines françaises font monter, dans le ciel bleu, l'*O Crux Ave*, dont les montagnes se renvoient le douloureux et puissant écho ; après quoi, les femmes de France répondent, elles aussi, par un cri à la Vierge, en faveur de la Patrie malheureuse. On les entend qui chantent de tout leur cœur :

> Sauve, sauve la France !
> Ne l'abandonne pas !

Ce fut un beau spectacle que celui-là, mon cher ami, et qui nous arrachait, à nous, des larmes, et aux braves Suisses qui nous regardaient passer sur leurs rives, des vivats et des acclamations.

Ah ! il faudrait une brochure et aussi le temps à l'écrivain de traduire les impressions qui montent au fur et à mesure que se succèdent les sites enchanteurs de ce lac des Quatre-Cantons. A chaque minute, un panorama nouveau se découvre, qui fait éclater la joie et l'admiration de la foule.

C'est là qu'on voudrait voir des libres-penseurs. Où sont-ils donc les insensés qui ont dit qu'il n'y a pas de Dieu ? Ah ! je leur donne rendez-vous entre le Righi et le Pilate, devant ces pics neigeux qui se dressent comme des géants, au fond de ce lac qui a des tons d'une infinie beauté et d'un infini repos, près de Brunnen admirablement perché sur son promontoire, au milieu de prairies et d'arbres fruitiers qui déjà sont en fleurs ; oui, je les invite à contempler ces merveilles semées dans l'incomparable tableau de la nature, je les invite à traverser le Saint-Gothard dans cette ascension qui demeure un

LUCERNE

rêve ! Au fur et à mesure que le char de feu vous plonge dans les tunnels successifs, un site nouveau vous apparaît en une sorte de spirale dont vous n'avez pas le temps d'étudier les contours, un sifflement nouveau et l'éclair jaillit, un éclair de neige au-dessus de vos têtes, avec, au fond, les abîmes... Et vous montez, dominant les galeries et les torrents, filant à toute vapeur sur des lacets échelonnés, pour retrouver de nouveaux spectacles, découvrir d'autres paysages, vous butter à des rochers qui se dressent et que le train qui vous porte semble éventrer... Tout cela, pendant vingt minutes d'éblouissement, avec des cascades qui descendent en gémissant dans des gorges qui en fument, avec des funiculaires qui grimpent jusqu'à la cime des neiges alors que des villas, perchées à des altitudes impossibles, sont là qui vous regardent passer et semblent se demander si vous n'allez pas vous perdre sur les horizons et dans l'infini...

Ah ! ils ont dit qu'il n'y a pas de Dieu : je les défie bien de le répéter à la sortie du Saint-Gothard jusqu'à Bellinzona. après le tunnel du Paradiso, comme ils disent, je les défie de le répéter en longeant ce lac de Lugano jusqu'à la douane italienne. Terre classique du merveilleux, non, nous ne la quitterons pas sans nous découvrir devant le Dieu auteur, protecteur et conservateur de tant de beautés, qui laissent bien loin derrière elles les fameux progrès de l'esprit humain.

L'Italie

Il y aurait beaucoup à dire sur Côme, son beau lac, sa vue superbe sur le Mont-Rose ; mais, nous voici à Milan, qui mériterait bien qu'on s'y arrête plusieurs jours. C'est la ville merveilleuse où s'élève la cathédrale, le Duomo, tout en marbre blanc, avec ses 136 aiguilles, sa flèche de 108 mètres et ses 6.000 statues. On dit qu'elle peut tenir trente mille hommes. Toutes les lignes des trams aboutissent devant, et c'est un spectacle très curieux, le soir, de regarder avec quelle précision fonctionnent toutes ces lignes électriques sans que l'ordre, sans que la liberté de personne en soit troublés.

Nous couchons à Milan, ce qui veut dire qu'il va falloir parler italien, ou tout au moins l'écorcher, si l'on veut être compris. A neuf heures, le lendemain, nous filons sur Gênes dans les plaines de la Lombardie... Pavie, Novi, terre qui nous donne des frémissements, puisque nos pères y ont laissé leurs os, après y avoir semé du sang et de la gloire.

Voici les montagnes qui reviennent, les Apennins d'une sauvage mélancolie, les torrents qui redescendent, les tunnels qui se succèdent sans interruption. Après Novi, Gênes ! On y déjeune, tout le monde s'en va au Campo-Santo, le cimetière de Gênes qui est une merveille. Les Gênois catholiques savent honorer leurs morts, et surtout ils ont gravé leur foi dans le marbre qui parle non seulement aux yeux, mais à l'âme immortelle du chrétien.

Là, c'est une mère à genoux qui pleure son enfant en lui montrant le Ciel. Ailleurs, c'est le vieillard qui agonise entouré d'une famille patriarcale. Il leur sourit, il les bénit, il leur crie surtout : *Credo resurrectionem.*

Quel contraste humiliant avec nos pauvres cimetières de France, où se lisent, sur les monuments funéraires, les inscriptions fades ou grotesques comme savent en mettre les libres-penseurs.

En panne

De Gênes à Rome, en pleine nuit, nous restons en panne, au moins une grande heure ; ces chemins de fer italiens sont pitoyables. Impossible de faire comprendre à l'employé que la lourde machine a secoué l'un des compartiments, renversé les bagages, épouvanté les voyageurs, et que les lumières elles-mêmes sont éteintes dans les wagons. *Non capisco* : Cela doit vouloir dire qu'il n'y comprend rien ; mais à la fin, et à force de gestes, on finit par lui montrer qu'il fait noir, et qu'il est tout à fait nécessaire de rallumer la chandelle. — Ah ! *la candella* ! — Il a deviné, ce qui veut dire qu'en Italie, s'il vous arrive jamais de manquer de lumière et de feu, demandez *la candella*.

Au matin, nous approchons de Rome, et, jusqu'à Civita-Vecchia, la campagne est d'une tristesse affreuse : des eaux stagnantes couvrent les rizières où les paysans sont enfoncés jusqu'à mi-jambes. C'est là surtout qu'aux grandes chaleurs règne la *malaria*.

Midi ! et enfin ! fatigués, moulus, nous arrivons à Rome avec quatre heures de retard. Mais la vue de la Ville aux sept collines rappelle que nous sommes des pèlerins heureux plutôt que des touristes, et que nous sommes venus pour voir PIERRE, le pilote de l'Église contre laquelle ne prévaudra pas l'enfer ; que nous sommes venus ranimer notre foi, apaiser nos douleurs patriotiques au contact de cette terre arrosée du sang des martyrs.

Aussi, les 800 pèlerins qui sont là entrent-ils en gare en chantant le *Magnificat*.

LA PLACE SAINT-PIERRE ET LA COLONNADE DE BRAMANTE

ROME

Il faudrait, mon cher ami, avoir la plume du grand Veuillot pour en parler dignement ; il faudrait aussi avoir le temps d'en décrire toutes les merveilles : ce serait plus attrayant que ces vilaines élections qui me talonnent.

Dans cette Rome vingt-sept fois séculaire, la mémoire pleine de souvenirs classiques aime à vagabonder, n'est-ce pas, ne serait-ce que pour vous rajeunir quelques instants. Il fait bon se rappeler Romulus, Auguste, Vercingétorix, mais pour le chrétien, si peu qu'il ait le tempérament ardent, vous devinez de suite combien l'imagination, les yeux, le cœur, tout est en mouvement au passage des monuments qui font de cette ville la ville unique du monde civilisé.

Vous devinez surtout combien il a hâte de s'incliner près du tombeau des apôtres, pour s'en aller ensuite prendre un peu de cette poussière trempée de sang chrétien, recueillir les ineffables émotions dont son âme est avide et qui viennent de partout....

Il faut aller vite en cinq jours, et encore faut-il en déduire les heures qui sont absolument nécessaires si l'on veut se débrouiller. La Providence (car nous ne croyons pas au hasard), a placé sur notre chemin des auxiliaires. . Saluons-les avec respect et remercions-les avec effusion.

C'est d'abord Mme la Comtesse de Vibraye, notre noble et hospitalière compatriote du château de Bazoches ; c'est aussi son aumônier, M. l'abbé Coulon, le plus aimable des prêtres que je connaisse, et qui parle admirablement l'italien. C'est grâce à eux, grâce aussi à l'excellent évêque d'Evreux et à d'autres prélats dont vous n'avez pas à connaître les noms, que j'ai pu me conduire et me reconnaître à travers la cité romaine.

Je n'ai pas besoin de vous dire que, pour un journaliste doublé d'un croyant, la préoccupation première, dominante, est de voir le Pape, de l'entendre, de lui parler, que cela ne se fait pas tout seul. Mais avant de vous mettre au courant de mes démarches, si nous parcourions un peu la Ville éternelle, et, bien vite, les plus beaux monuments qui vont vous intéresser.

La Prison Mamertine

Voici la prison Mamertine : c'était, sous la vieille république de l'empire romain, le lieu désolé, infect et terrible, comme l'appelait Salluste. En vit-il assez entrer des victimes, depuis Jugurtha jusqu'au vaillant Gaulois Vercingétorix ? Que d'hommes égorgés dans cet affreux cachot où les prisonniers se succédaient sans compter. Que de douleurs ont passé là durant dix siècles, que de larmes dont ces pierres ont été les témoins. Mais un jour vint où le sang qui coulait fut un sang innocent, et comme le sang de Dieu lui-même ! C'est là que Saint Pierre et Saint Paul furent amenés et qu'ils convertirent leurs geôliers à l'Evangile ; on montre la source miraculeuse que le grand Apôtre fit sortir tout près de la colonne où il était attaché. L'eau en jaillit encore, cette eau qui baptisa le monde, et le divinisa en quelque sorte. Tout le christianisme est là, semble-t-il, puisque, jusqu'à Saint Pierre, jamais on n'avait vu les victimes faire du bien à leurs bourreaux...

Voulez-vous, pour varier un peu le caractère de nos impressions, que nous entrions au Panthéon, ce temple que le paganisme avait dédié à ses tristes divinités, qui devenait, grâce à la vigilance des papes, une église pleine de souvenirs merveilleux, pour retomber ensuite ou à peu près dans le paganisme.

Quand nous y entrons, deux soldats italiens sont au fond, raides comme des piquets. A droite, on nous indique le tombeau de Victor-Emmanuel qu'éclaire la lueur blafarde de grands cierges. Des cierges pour ce spoliateur de la Papauté, c'est peut-être une exagération ! Un chambellan est là en livrée qui nous présente la plume et nous demande de signer sur un registre, quoi ? la canonisation de ce drôle de saint ? Il ajoute même, je crois bien, que Loubet doit venir après nous, déposer des palmes d'or et sa signature. Nous répondons que nous ne signons rien, que d'ailleurs nous ne savons pas l'italien.

Je suis obligé de vous faire grâce, n'est-ce pas, de tous les temples qui nous rappellent l'histoire romaine : temple de Castor et de Pollux, de Vespasien et de Saturne, des arcs de triomphe, il y en a à foison, du Forum de Trajan et de Jules-César, du théâtre de Marcel et de Pompée. Voici

Le Colysée

Que de souvenirs poignants assiègent l'âme du chrétien qui pénètre dans son enceinte ! Ah ! c'est la capitale, celle-là, le vrai temple des braves, des héros et des martyrs. Dans l'arène, bien au milieu,

LE COLYSÉE

AU FORUM

apparaît tout de suite l'Arbre immortel de la Rédemption, devant lequel les foules se succèdent à genoux. Il est couvert d'environ quinze pieds de sable, car les Souverains Pontifes n'ont pas voulu que la terre qui a bu pareil sang fût foulée par les pieds des voyageurs et des curieux...

Voulez-vous, un instant, vous recueillir avec moi, devant cette sublime vision de millions d'hommes qui, à la face des tyrans, sous les supplices, sous la dent des bêtes, ont chanté Dieu, et ont confessé leur foi à la face du ciel et de la terre !

Saint-Jean de Latran

La première des églises de la ville et du monde, comme l'atteste l'inscription que l'on lit sur les murs ! C'est là que les Pontifes romains viennent prendre possession de leur siège ; aussi le clergé de cette église a le pas sur celui de Saint-Pierre. Les statues des douze apôtres y sont colossales, et toutes les chapelles sont pleines de tableaux des grands maîtres ; les colonnes de marbre s'y marient aux colonnes de bronze, et, à travers ces souvenirs, je signale au touriste chrétien la chapelle Aldobrandini que nous appelons chez nous la chapelle du Saint-Sacrement. Elle est d'une richesse incomparable avec ses quatre colonnes cannelées en bronze doré, ses statues d'Elie et de Moïse, ses fresques du chevalier d'Arpin représentant l'Ascension, et enfin la Table sur laquelle Notre-Seigneur célébra la dernière Cène. Le baptistère et les cloches mériteraient plusieurs pages de description.

Tout à côté, voici la *Scala santa*, c'est-à-dire l'escalier du palais de Pilate que l'impératrice Hélène

a fait rapporter de Jérusalem, celui-là que le Sauveur
monta et descendit quatre fois, dans la matinée du
jour de sa Passion, en allant chez Hérode, et après
avoir été condamné à mort, portant la couronne
d'épines...

Les chrétiens, pour le monter, s'y traînent à
genoux, et il n'y fait pas bon qu'on veuille le monter
autrement, et sans se gêner : un religieux vous
rappelle à l'ordre. Comme les degrés de la *Scala
santa* s'étaient usés à force de les monter, et que des
pèlerins cherchaient à enlever quelques parcelles,
on dit qu'en 1723 le Pape Innocent XIII les fit
couvrir de fort madriers de noyer qu'on a été obligé
de renouveler plusieurs fois.

*
* *

Allons vite, si vous voulez, mon cher ami. Voici
Sainte - Marie - Majeure, un palais plutôt qu'une
église, et qui doit sa fondation à la légende du
miracle des neiges. Dans une nuit, au 5 août, sur le
mont Esquilin, la neige tombait et un Pape y voyant
le doigt de Dieu, fit construire là une basilique. Elle
est incomparablement belle avec ses portiques, ses
mosaïques, ses monuments, dont un commémoratif

nous touche un peu : c'est celui de l'abjuration du
roi de France Henri IV (1595).

Voici Saint-Laurent, hors les murs. C'est loin, et
le *cochiere* a soin de vous faire un geste que vous
devinez, celui qui invite au pourboire. Au fond de
cette belle église, se trouve le tombeau du saint
Pontife Pie IX, que la piété catholique a élevé au souvenir du grand Pape.

Je voudrais vous conduire aux Catacombes avec
un brave Père capucin, comme le Père Sébastien.

qui nous a mené à Saint-Callixte, souriant, presque gai, ma foi, à travers ces nécropoles immenses, le champ des morts, qui disent assez le développement merveilleux du christianisme pendant les premiers siècles.

C'est M. de Rossi qui va nous l'expliquer. Il nous fait remarquer par l'immense étendue des Catacombes que le seul bien commun à tous ces morts était la religion, et que ce bien était devenu si fort qu'il avait remplacé tous les autres. En effet, leur patrie, leur naissance, leur fortune étaient souvent très diverses ; ils appartenaient à des familles différentes, ils n'exerçaient pas les mêmes métiers, combien même ne s'étaient jamais rencontrés pendant leur vie. Or, esclaves, affranchis, hommes libres, grecs, romains, barbares, ont oublié toutes ces diversités de fortune ou d'origine pour ne se souvenir que de leur religion commune. Rien n'était plus contraire aux sociétés anciennes que cette séparation qui s'établit entre la famille ou l'Etat et la religion ; elle est l'œuvre du christianisme, et c'est aux Catacombes qu'elle éclate avec le plus d'évidence ; c'est là aussi que l'histoire du dogme se manifeste le plus victorieusement, songeons que les Catacombes sont le plus ancien monument du christianisme à Rome. »

Saint-Pierre de Rome

Mais j'ai hâte de vous emmener à Saint-Pierre de Rome, à la basilique vaticane. Ceux qui y sont allés connaissent le spectacle de cette grandeur qui vous apparaît au fur et à mesure que vous gravissez les marches, en laissant l'obélisque derrière vous. A mesure que vous entrez dans la basilique vaticane et

INTÉRIEUR DE SAINT-PIERRE

que vous jetez les yeux vers la coupole, elle vous produit une sensation d'immensité ; surtout le soir, l'effet est grandiose.

Oui, il faut la contempler quand les derniers rayons du soleil couchant finissent de l'éclairer et que les grandes ombres s'étendent sur toutes les parties de l'édifice. Alors seulement, on a l'impression d'infini.... La longueur est de 186 mètres ; la hauteur de la grande nef est de 45 mètres ; le transept a 137 mètres ; la coupole 117 mètres de hauteur. On pense qu'il tiendrait dans Saint-Pierre de Rome plus de 80.000 hommes.

Ah ! vous êtes bien obligé de vous recueillir en contemplant cette merveille, au cœur de l'œuvre de Michel-Ange ! Comme nous comprenons là la parole d'un des esprits forts de la philosophie du siècle dernier : « Je crois, sous le dôme de Saint-Pierre ».

Pour vous le rappeler d'ailleurs, dans la frise en mosaïque d'or, une inscription de sept pieds de hauteur affirme la parole divine : *Tu es Petrus*, c'est-à-dire qu'il est Pierre, et que c'est à lui qu'a été donnée la clef du royaume des Cieux....

Agenouillez-vous près du maître-autel de la Confession, à laquelle on descend par un escalier de marbre au-dessus duquel brûlent jour et nuit quatre-vingt-treize lampes de métal doré, car la vérité luit là, éternelle — et admirez la belle statue de Pie VI représenté à genoux et qui prie devant le tombeau des premiers apôtres...

PIE X

PIE X

Pour arriver au Pape, c'est comme pour aller au Ciel, il faut avoir de la patience et de la persévérance, deux vertus qui me furent assez faciles à pratiquer d'ailleurs en suivant les conseils d'amis, de prélats, que ma reconnaissance enveloppe d'un hommage tendrement respectueux. Vous avez un peu le toc-toc, lorsque vous entrez chez Son Excellence Monseigneur Bisletti, maître de Chambre et dispensateur des faveurs et entrées au Vatican ; mais vous êtes vite rassuré par l'accueil si bienveillant d'un prélat qui parle parfaitement le français, qui écoute gentiment votre supplique, et vous dit de suite son désir de vous être agréable. C'est lui qui, après m'avoir écouté, et écouté aussi le bon abbé Coulon, me dit aimablement : « Dimanche matin, 7 heures, vous pourrez entendre la messe du Pape ». Il paraît que beaucoup voudraient y être appelés, mais que peu sont élus. Et c'est ce qui vous explique que, parmi les pèlerins, nous n'étions que deux, M de Courcy, un digne et loyal diocésain d'Evreux, très aimable compagnon de voyage, et moi, à la porte de bronze, le dimanche 17 avril, à sept heures du matin, répondant au salut des gardes suisses et gravissant les marches du Vatican, jusqu'à la chapelle privilégiée.

Elle est toute petite, à peine de quoi contenir 50 ou 60 personnes qui arrivaient tout doucement, une quarantaine de dames en mantille noire et de toutes les classes, et une vingtaine d'hommes en habit ou même en redingote. L'autel se voit au fond quand on a ouvert une porte à deux battants, un modeste autel sur lequel le Pape dit la messe et au pied duquel il fait communier les privilégiés.

Tout le monde est debout...

C'est à sept heures précises que la vision blanche apparut à nos yeux avides de voir le vicaire de Jésus-Christ. L'auguste Pontife promena sur nous son regard attendri et un peu attristé, et la bénédiction arriva sur ses lèvres comme une prière...

Comment vous faire le portrait, non pas du Prince des Apôtres, mais plutôt de cette âme de Père qui s'ouvre, comme celle du divin Maître, à toutes les pitiés? Je préfère attendre l'audience particulière du soir où je verrai de plus près le saint vieillard.

D'ailleurs, une fois sa bénédiction donnée, il est au pied de l'autel et revêt lui-même les habits sacerdotaux comme un bon curé qui va dire sa messe. Deux lévites de 16 à 18 ans vont la servir ; ils lui présentent l'amict, l'aube, le chasuble... rouge ce jour-là, c'est la fête d'un martyr. Et il la reçoit, en joignant les mains, comme si Dieu lui demandait de l'être... déjà.

La messe a commencé, et je ne vous étonnerai pas, mon cher ami, en vous disant qu'on y prie bien, mais pas avec un livre ; on ne quitte pas des yeux l'auguste officiant qui dit la messe comme un saint et qui est lui-même une prière vivante.

Au *Sanctus*, un des lévites s'approche, et doucement lui ôte la calotte blanche qui laisse voir la chevelure argentée, presque de neige.

Mais la petite clochette a tinté, et c'est le Maître qui vient à l'appel de Pierre... Qui dira jamais le colloque de ces deux âmes, j'allais dire de ces deux hommes qui ont et la charge du ciel et la charge de la terre? Qui dira jamais, à travers ce silence et ce recueillement, ce qu'on entend monter de bénédictions, d'adorations ? Ah ! c'est le cas de rappeler les paroles de la Liturgie :

« *Nec lingua valet dicere.*

« *Nec littera exprimere.* »

Mais Pierre n'oublie pas qu'il a le Pain de vie à distribuer aux pécheurs et aux petits ; il a ouvert deux tabernacles, celui de l'autel et celui de son âme ; il se retourne, et d'une voix que l'émotion gagne, il dit qu'il apporte l'Agneau de Dieu à ses enfants... qui sont heureux de renouveler leur Première Communion.

.   .   .   .

La Messe est terminée, et au bas de l'autel nous répondons aux prières du Pontife, qui, après avoir quitté les vêtements du sacrifice, s'agenouille pour l'action de grâces.,. Une demi-heure, sans un mouvement. Il est là qui s'abîme dans la supplication... Il est beau, Il est doux surtout ! On dirait qu'il s'offre en expiation pour tous les méfaits de la terre et des hommes, et puis, quand il a fini, seul, sans escorte, il reparaît devant l'autel, mais cette fois-ci le sourire attristé du matin a disparu pour faire place à je ne sais quelle illumination dans le regard, accentuant sa paternelle bénédiction avec un sourire qui signifie : au revoir !

L'Audience pontificale

Nous sommes au tantôt vers les quatre heures.

Le digne évêque d'Evreux, avec sa petite phalange, et l'abbé Vilasse avec ses Picards, ont échelonné tous leurs pèlerins heureux dans l'une des galeries

du Vatican. Nous allons donc revoir la blanche
vision...

Quand, un peu avant l'heure, Monseigneur Bisletti,
suivi de quelques gardes suisses, descend des
galeries, histoire de jeter un coup d'œil pour voir si
tout est bien prêt, quelle est notre surprise d'aper-
cevoir à la suite du prélat, deux prêtres de l'Yonne
qui ont, ma foi, l'air d'être comme chez eux au
Vatican : M. l'abbé Villetard, l'ardent grégorien,
curé de Serrigny, et M. l'abbé Fougeat. La surprise
est égale de part et d'autre, mais eux, qui sont favo-
risés et qui ne sont pas des égoïstes, font un signe
que je n'ai pas de peine à comprendre. Je les suis ;
Monseigneur Bisletti, d'ailleurs, qui reconnaît pro-
bablement le journaliste sous le pèlerin, a un sourire
et un mot qui valent toutes les permissions, et me
voilà, grâce à cet heureux concours de circonstances
et de faveurs d'ailleurs imméritées, me voilà mis à
même de saluer le Pape un des premiers, et sitôt
qu'il quittera ses appartements.

Ai-je besoin de vous dire que j'en tremble un peu,
et qu'en vain mes aimables compagnons essaient de
me remettre ; le va-et-vient de la Cour pontificale,
l'idée que le journaliste devient peut-être audacieux,
qu'il va falloir dire quelque chose au Pape, tout cela
me bouleverse.

Mais je n'ai pas le temps de réfléchir... Pie X vient
à nous ! Et Pierre est là, devant moi... Me voilà aux
pieds du Pape, comme aux pieds de Dieu...

— Oh ! très Saint Père, lui dis-je, je vous remercie
des émotions saintes que j'ai éprouvées ce matin.
Vous voyez devant vous des Français en proie à
toutes les douleurs patriotiques !... Je remets aux
mains de son Excellence Monseigneur Bisletti, ma

supplication écrite; mais laissez-moi vous dire, ô Très Saint Père, que nous sommes dans une tempête affreuse, là-bas, dans notre cher pays de France, et que, comme dans l'Evangile, nous sommes perdus si Vous ne nous sauvez pas... *Salva nos, perimus !* »

Le divin Pasteur fut un peu saisi en m'entendant et surtout en voyant que les larmes me tombaient des yeux.

Quoi donc ! Le premier Français qu'il rencontrait au seuil de ses appartements lui jetait le cri de son immense et inconsolable douleur ! Aussi, comme un Père qui voit souffrir ses enfants, il eut grande pitié... *Amice, amice...* Ce furent les premières paroles tombées de ses lèvres bénies ; et puis, il me prit la tête dans ses mains, ses yeux se rencontrèrent dans les miens... Ah ! ces yeux bleus, d'une tendresse infinie, qui me révélaient toute la puissance et toute la charité d'une âme qui est peut-être bien la plus belle qui soit sur terre... Non, je n'oublierai jamais cette vision, et j'entendrai toujours, ce me semble, la protestation si affectueuse du Pontife... « *Non, non, non peribitis...* La France ne périra pas... *Confiance ! Confiance !* »

Et le Pape racontait ces choses et s'attardait à me consoler.

Monseigneur Bisletti, d'un signe aussi doux que discret, fit comprendre à Sa Sainteté que si les quinze cents pèlerins qui étaient là étaient aussi... exigeants que ce journaliste, les audiences seraient longues et fatigantes... Alors, le Pape bénit mes amis qui suivaient, mais j'entendais bien que leurs angoisses et les miennes laissaient dans son âme une impression profonde. Il se retournait et répétait sans cesse en nous faisant signe, à nous, d'espérer : « *Non peribitis !* Non, la France ne périra pas ! »

Sitôt après nous, la scène, heureusement, change... Voici quelques bons Frères des Ecoles chrétiennes qui présentent au Pape leurs jeunes élèves, heureux comme on est heureux à dix, douze, quinze ans ; ils acclament le Pontife de leurs vivats joyeux et bruyants. C'est là que je constate l'extrême mobilité du visage du Saint Père, ce qui s'explique par le caractère de son âme impressionnable... Il est affable, Il est presque gai au milieu de ces enfants .. *Filioli !*... Son visage plutôt sévère s'illumine d'ineffables sourires. Et cela me fait songer que M. Gabriel Ferrier, qui fait le portrait du Pape, aura raison, pour demeurer dans la note de son auguste modèle, de nous peindre une âme plutôt qu'un visage, mais une âme plus inquiète que toutes les autres, plus vaste que toutes les autres, un cœur plus sensible qui s'ouvre à toutes les commisérations humaines ! Oui, il aura raison de ne pas trop représenter le Saint-Père dans l'attitude de l'ambassadeur du Ciel, le *Legatus Cœli* qui vient, dans toute sa gloire, nous apporter la parole de Dieu. Pie X a le sourire du Christ, la bonté du Christ !... C'est bien, en effet, le messager de foi et d'espérance qui dit à Dieu la prière des hommes...

Longtemps, nous l'avons suivi dans ces immenses galeries du Vatican, s'inclinant lui-même au lieu de faire incliner les autres, se penchant vers les petits et vers les humbles, relevant ceux qui se mettaient à genoux, disant à tous la parole qui console, qui illumine et qui sauve. Pie X, mais il est bien la représentation vivante du Verbe de Dieu !

Monseigneur d'Evreux et le chanoine Vitasse lui présentent leurs pèlerins ; ils lui disent la douleur du Pontife d'Amiens de ne pouvoir être au milieu de nous ; le Pape les regarde, les écoute et son regard reflète toujours la même bonté, et comme une éternelle mélancolie Et il s'en va encore, bénissant la foule des fidèles, souriant aux pèlerins, entourant les prêtres, qui sont là, de ses prédilections ; puis, au bout d'une grande heure, après avoir entendu monter toutes les supplications d'un peuple, il redonne encore, non pas avec un geste de commandement, mais avec une paternelle bonté, sa dernière bénédiction qui arrive si naturellement de son cœur à ses lèvres !

L'audience est terminée. Le Pape dit à l'Evêque d'Evreux de bien expliquer, en français, toutes les indulgences sorties de son âme. Comme il écoute le Prélat ! on dirait qu'il aime à entendre parler français, qu'il voudrait parler français... Et puis, avant de remonter dans ses appartements, de nouveau il résume toutes les tendresses de son cœur dans un geste qui rappelle celui du Crucifié au Calvaire. Sa physionomie a repris, pour ainsi dire, la tristesse du Maître, de telle sorte qu'on a bien, avec lui, la vision du Calvaire.

Audience privée

Deux heures plus tard, le digne et pieux évêque d'Evreux avait une audience privée... Le Pape le garda longtemps, car Dieu sait s'il aime les évêques, qui sont ses fils préférés, le bon Saint Père ; et puis, une fois l'audience finie, Monseigneur d'Evreux voulut bien nous présenter à la suite de ses secrétaires et de son clergé. Ce que nous avons vu et entendu ne regarde personne. Qu'il me suffise, mon cher ami, de vous dire qu'il eut pour nous tous, pour nos familles, nos œuvres, nos luttes, nos sacrifices, toutes les tendresses et toutes les bontés.

Le Départ

La journée du dimanche avait été fatigante et émotionnante ; le lundi, après avoir dit une dernière fois adieu à Saint-Pierre, parcouru le jardin du Vatican, cueilli quelques fleurs, nous nous retrouvons avec les pèlerins à Saint-Joachim où ils s'étaient donné le dernier rendez-vous à Rome. C'est là que dans un suprême élan, la prière fut dite pour la France, et que tous, les bras en croix, redisaient pour elle le *Parce Domine*, implorant la pitié divine en faveur de notre pauvre pays !

Certes, c'est un beau geste que celui de la supplication de tout un peuple, et c'est le geste qui convient devant Dieu. Mais un ami nous faisait remarquer avec juste raison, qu'à leur retour en France, tous ces hommes, tous ces chrétiens, toutes ces chrétiennes, devraient bien faire l'autre, ce que Dieu leur demande aussi. Et lequel ?... De se défendre et ferme, contre ceux qui viennent insulter leurs croyances, corrompre leurs enfants, arracher leurs libertés et qui fermeront demain leurs églises, si on ne les arrête pas !...

Dans Rome déjà, les rues sont barrées, les arcs de triomphe se dressent pour la venue de Loubet ; les camelots offrent des cartes où l'Italie est en train d'embrasser la république. Que c'est touchant ! Vite, bouclons nos valises et fuyons cette comédie, doublée d'une insulte au Pape que nous venons de vénérer.

Le train est là qui nous emmène jusqu'à Assise où le vent souffle en tempête. Les sites ne sont pas si merveilleux qu'à l'aller, mais encore ils sont ravissants. Ce ne sont pas les monts géants qui se dressent devant nous avec leurs pics neigeux, mais des chaînes successives de montagnes qui offrent le plus délicieux des panoramas : *Montes exultaverunt sicut arietes...*

Assise, où nous arrivons, est bien curieux. Vue de loin la petite cité du grand saint François attire les regards par sa pittoresque exposition et par l'aspect du Couvent des Franciscains qui s'élève sur d'énormes contreforts ou arcades à deux étages. La ville s'étend en terrasses tout le long de la côte fertile plantée d'oliviers ; au faîte, une citadelle en ruines, au bas de laquelle s'étend un panorama très varié et d'une beauté merveilleuse.

Le temps fut atroce à Assise : la poussière, un vent presque glacial, et tout cela, la fatigue aidant, fait qu'on déjeune mal et que plusieurs pèlerins sont en quête du pharmacien (pharmaciere, disons-nous en riant) à qui l'on a bien de la peine d'expliquer qu'on a le torticolli, *torto collo*, une petite maladie qu'on guérirait si on avait de l'ouate avec un peu de teinture d'iode... Le *pharmaciere* n'y comprend rien.

Nous repartons à la recherche de la divine Florence *Firenze*, où nous arrivons le soir : les hôtels sont pleins, on a de la peine à trouver un gîte. Le lendemain, journée de pluie, et qui se passe dans les musées de cette Athènes de l'Italie qui fut le berceau des arts et de la civilisation. Comme elle justifie bien le renom de beauté que lui ont attiré ses édifices et ses monuments !

CATHÉDRALE DE FLORENCE

Aujourd'hui, Florence a une population de 200.000 habitants ; la ville est divisée en deux parties inégales par l'Arno et située dans une plaine toute entourée d'une chaîne de collines délicieuses, couverte de villas et de belles cultures.

Vous ne voulez pas, mon cher ami, que je vous raconte toutes les merveilles de Florence ; vous irez les voir quand nous retournerons à Rome. Son église, le Dôme, est incomparable avec les chefs-d'œuvres des grands maîtres Donatello, Michel-Ange, et son baptistère avec ses portes de bronze si célèbres dans l'histoire. C'est de l'une de ces portes que Michel-Ange a dit qu'elle méritait d'être la porte du paradis. Vous avez *Santa Cruce*, Sainte-Croix, qu'on appelle avec raison le Panthéon italien : C'est là, justement que vous trouvez le portrait de Michel-Ange par Lorenzo, le monument du Dante ainsi que celui de Machiavelli ; Santo-Lorenzo, une église qui a la forme d'un T ; Sainte-Marie Majeure qui est le premier modèle de l'architecture florentine, Santa Maria Novella, l'église que Michel-Ange lui-même appelait *sa fiancée*. Je ne vous dis rien des musées comme celui de Saint-Marc et de tant d'autres dont les richesses sont inénarrables.

Ce musée est formé de l'ancien Couvent des Dominicains : c'est là que vécurent S. Antonin, B. Angelico, Fra Bartholomeo, Savonalora, et combien d'autres célèbres dans la littérature et dans les arts. Mais il faudrait trop de temps, et trop de science que je n'ai pas, pour vous raconter toutes ces choses...

La nuit est reposante, mais voici qu'au matin, Pérouse, Arezzo, défilent sous nos yeux. Les campagnes redeviennent verdoyantes et belles. Dans les plaines, les vignes enlacées par les arbres, ou les

arbres enlacés de vignes semblent danser autour de nous une sarabande ; la culture y paraît difficile, et c'est peut-être pour cela qu'on voit (nous n'en revenons pas), des femmes qui conduisent la charrue, qui labourent la terre, la sueur au front, pendant que leurs maris mendient et se réchauffent au soleil.
— Ah ! ces paresseux d'Italiens !

Mais là-bas, au fond des lagunes, c'est bien la ville idéale qui nous attend, la belle Venise ! A 7 heures, nous débarquons, et un immense bateau nous emmène au fond du golfe, dans les grands hôtels du Lido.

Vous avez entendu parler déjà de Venise, cette ville tout à fait à part, qui repose en grande partie sur pilotis, où les rues sont des canaux et les voitures des gondoles.

Il me faudrait, mon cher ami, être poète pour rendre les impressions qu'on éprouve sous ce ciel de l'Adriatique où les flots se marient au soleil, où l'art, la nature, les fleurs, le printemps jettent dans les cœurs je ne sais quoi qui porte à la tendresse et au bonheur. Là où nous sommes confortablement installés, le spectacle est ravissant, les flots de l'Adriatique viennent caresser le rivage, et dans la petite île, on n'entend que mélodies jusque dans les bosquets où chante gaiement le rossignol, que sérénades au loin et au large. C'est bien la cité des artistes, des musiciens, de tous ceux qui ont foi dans l'idéal, qui cherchent dans le ciel bleu, et qui écoutent toute chanson divine qui les berce dans le rêve !...

Après un moment de repos, nous voilà à la magnifique église de Saint-Marc où le vaillant évêque d'Evreux nous fait des adieux bien touchants. Ce qu'il parle, avec émotion et éloquence, du Pape, de l'Eglise et de la France !

Vous dirai-je nos promenades à travers la cité, notre station à la place Saint-Marc, où les pigeons, les célèbres pigeons de Venise, viennent becqueter le millet jusque dans nos mains... Les rues, les palais, les maisons sont d'une rare originalité... mais tout cela serait trop long... et puis le ciel est si beau, l'air est si pur là-bas sur le Lido qu'on se prend à rêver et qu'on aimerait à y rester toujours...

Mais l'ombre a descendu sur la terre ; il faut rapatrier l'hôtel ; on y revient heureux au milieu de ses compagnons de voyage et on les retrouve à table, la figure épanouie, le cœur content. Cependant, c'est la dernière étape, et il va falloir se quitter ; une pointe de tristesse nous envahit après douze jours d'une existence qui fut si heureuse.

C'est alors que l'aimable M. de Courcy eut l'idée d'organiser l'adieu, l'action de grâces à l'évêque d'Evreux qui fut un ami pendant ces jours inoubliables. M. de Courcy offre le champagne et l'*Asti spumante*, on lève son verre, et vous pensez si le journaliste y va de son toast.

Vous allez me demander ce que j'ai dit, sous le ciel de Venise... Mais j'ai salué tout ce que j'honore, tout ce que j'aime, tout ce qui m'a fait vibrer pendant ces jours. D'ailleurs, puisque vous le voulez, mon toast, je vous le donne à peu près :

MESDAMES, MESSIEURS,

Voulez-vous permettre à un humble journaliste bourguignon de se faire l'interprète des sentiments qui sont vôtres, de lever son verre ici pour porter la santé de l'Evêque si bon et si paternel qui nous a

EN ALLANT AU LIDO

LE GRAND CANAL DE VENISE

consacré, au cours de ce pèlerinage, tout ce qu'il y avait, dans sa grande âme, de charité et de dévouement apostolique.

Nous lui devons d'avoir été présentés au Pape déjà glorieux qui gouverne l'Eglise. Nous lui devons d'avoir été bénis par Celui qui, hier cardinal Sarto dans cette superbe Venise où il était adoré, est devenu PIERRE, c'est-à-dire le Chef de cette Eglise catholique que nous aimons, que nous voulons servir et défendre jusqu'au dernier soupir.

Nous avons été bien heureux, Monseigneur ; car je ne compte pas les petits ennuis du voyage, ce sont là des bagages, et dans la vie, on ne s'attarde pas aux bagages, ou plutôt aux bagatelles de la porte.

Ce que nous savons, c'est que Dieu nous a gâtés en faisant luire son beau soleil d'Italie sur nos têtes, en nous donnant toutes les jouissances des yeux, du cœur et de l'âme...

Cependant, et puisque je parle à des Picards, et que j'ai l'honneur et le bonheur d'être l'ami de l'Evêque d'Amiens, j'obéis à un sentiment bien doux en le saluant, lui aussi, de nos hommages, par delà les Alpes. Ah ! fidèles aimés de son beau diocèse, vous lui direz nos regrets de n'avoir pu le voir, de n'avoir pu entendre sa belle parole d'Apôtre, vous lui direz notre affectueuse reconnaissance de nous avoir conduits à Rome par son infatigable et pieux chanoine Vitasse.

Vous lui direz aussi que nous comprenons, étant donné son ardent patriotisme, qu'il ait tout sacrifié à l'accomplissement de son devoir et de son devoir intégral d'Evêque et de Pasteur...

L'ineffable bonheur, dans ce pèlerinage, a été, n'est-ce pas, de voir passer dans nos rangs la belle vision blanche : le Pape, qui nous a réconfortés à une heure où nous en avons tant besoin. A un

Français — de mes meilleurs amis — qui disait dimanche au soir à Pie X : « La France est perdue, sauvez-nous, Père bien-aimé, ou nous périssons... *Salva nos, perimus*, le Saint Père répartit avec bonté et avec énergie : « *Non, non, non peribitis*, la France ne périra pas... »

Parole tombée des lèvres augustes de Pierre, ah ! laissez moi la recueillir comme une parole du Ciel, laissez-moi vous demander, pèlerins des provinces françaises, de la faire connaître à ceux que nous allons retrouver là-bas, inquiets, désespérés, en proie à toutes les angoisses patriotiques... aux fidèles, aux mères et aux enfants, aux maîtres et aux élèves, à tous ceux qui, hélas ! sur notre terre désolée, souffrent persécution pour la Justice...

Nous allons vous quitter, Monseigneur, et Dieu sait avec quel regret. Soyez remercié du fond de nos âmes pour le bien, les encouragements que vous nous avez donnés sans compter ; soyez remercié de nous avoir permis de voir Pierre, c'est-à-dire l'Etoile qui nous apporte la douce et indéfectible espérance...

Au nom de tous les pèlerins, laissez-moi résumer, dans un irrésistible vivat, tout ce qui a fait vibrer nos cœurs, tout ce qui nous a consolés, réjouis, tout ce que nous avons aimé depuis dix jours... permettez-nous de soulager nos poitrines chrétiennes et françaises en criant ici, sous le beau ciel bleu de Venise :

Vive Pie X !
Vive Monseigneur d'Evreux !
Vive Monseigneur d'Amiens !
Vive la France !

LES PIGEONS DE VENISE

LES GONDOLES DE VENISE

Vous devinez, après cela, si les mains se tendaient vers l'évêque d'Evreux, et si j'étais particulièrement heureux d'avoir été l'interprète des sentiments de son clergé, de ses diocésains, de tous ces Français et Françaises qui répondaient, par des applaudissements, aux adieux du digne Prélat.

Et le fait est que nous étions bien heureux, et que tous, nous nous sommes bien aimés les uns les autres, comme le Maître l'avait dit, et que nous avons éprouvé tous, ma foi, du chagrin à nous quitter. — Oui, du chagrin, car songez qu'en rentrant, c'est la lutte électorale qui nous attend avec des gens qui vont nous faire un nez, mais un nez long comme ça, parce que leur mentalité ne conçoit pas qu'on doit aimer Dieu et la France, comme nous les avons aimés pendant ces jours.

Après l'adieu du soir, une autre surprise, ménagée par M. de Courcy, nous attendait encore sous forme d'une sérénade organisée en l'honneur de Monseigneur d'Evreux. Et nous reglissons sur les gondoles, et nous nous laissons bercer, l'oreille attentive aux mélodies qui ne sont rien moins qu'enchanteresses...

Quelques heures de repos, et ce coup-ci, c'est le départ — Venise, Paris : 34 heures de chemin de fer devant nous, mais au milieu des paysages ensoleillés, sur les bords des lacs, au pied des cascades, à travers les lacets des monts neigeux, et toujours avec d'aimables compagnons qui ne vous font pas trouver le temps long, je vous en réponds. Bellinzona! on y dîne, et toutes les mères chrétiennes de la ville encombrent la gare, cherchant l'évêque pour lui amener leurs enfants. Et Dieu sait s'il les

MONSEIGNEUR MEUNIER, ÉVÊQUE D'ÉVREUX

accueille avec tendresse, et si à chacun il donne son sourire et son cœur, ce brave et vaillant évêque !

La nuit est venue, nous repassons dans le Saint-Gothard enténébré cette fois, et au matin, c'est la terre de France qui nous apparaît, la terre aimée, comme la terre de toutes les douleurs, de toutes les alarmes, de toutes les angoisses !... c'est bien celle-là que nous retrouvons.

...Delle, Vesoul, Langres, Chaumont, où là encore, nous avons un dernier adieu à dire aux Picards qui regagnent Amiens par Reims. Nous les chargeons, bien entendu, de redire à l'Evêque d'Amiens nos regrets et l'affectueuse reconnaissance dont notre âme est pleine, et puis *partenza*, comme on dit en Italie, c'est le dernier départ jusqu'à Paris...

Paris où il fait froid, où les murs sont déjà tapissés d'affiches toutes rouges... Cela suffit pour nous avertir que les jours du Paradis sont passés. Nous allons retrouver l'âpreté de la lutte, la fournaise maintenant, et quelle fournaise !...

Mais il le faut, et, en tout cas, mon cher ami, je termine en vous redisant mon bonheur d'avoir pu me retremper, pour les combats de demain, près du tombeau de Pierre, dans la cité sainte qui a vu passer, celle-là, des générations de soldats autrement vaillants que nous. Oui, j'ai été heureux d'avoir vu, de mes yeux et dans les yeux, le Vicaire de mon Sauveur et de mon Maître, Celui qui incarne, en somme, ce que je cherche, ce que je veux qu'on me donne sur la terre de France : La *Vérité,* la *Justice* et la *Liberté*...

Le Pape m'a dit, à moi, humble tâcheron de la plume, que la France *ne périrait pas.* Qui pourrait m'en vouloir si, pénétré de ces paroles, je fais appel à la vieille race française, appel à tous ceux qui, plus forts que la fortune, sentent bouillonner dans leurs veines le sang des libres, des croyants, des courageux.

Qu'ils viennent donc, et que, tressaillant à cette espérance, ils s'unissent dans un même effort et un même amour pour donner vie et pouvoir à la parole rapportée de Rome :

La France ne périra pas !

OCT. CHAMBON.

Sur les murs des cités françaises, au fond des
bourgades et des hameaux, affirmez la Liberté,
flétrissez l'injustice, clouez au pilori les mal-
faiteurs publics.
Dans les sillons de France, semez tous les jours
la Vérité ! C'est Elle qui nous délivrera.

Oct. CHAMBON.

PROPAGANDE

On trouve chez l'auteur-éditeur Oct. CHAMBON, 8, rue du Collège,

à Auxerre (Yonne),

sous forme de Tracts ou Affiches illustrés :

1. A qui profite la Guerre aux Congrégations ?
2. La Franc-Maçonnerie, voilà l'Ennemi !
3. Les Contribuables sous le Pressoir.
4. Les Misérables (Lettre à M. Combes).
5. Le Peuple est avec vous ?... Jamais de la vie !
6. Au Peuple : Vivent les Sœurs !
7. Mais, c'est la Misère ! (Lettre à M. Combes).
8. Vivent les Sœurs ! Vive la Liberté !
9. Le Milliard des Congrégations.
10. Accordez votre Violon, M. Combes !
11. Aimez-vous la Cuisine au Beurre ?
12. La Guerre à la Liberté. Ce qu'elle coûte.
13. Tas de Comédiens !
14. La Sociale.
15. Aux Bouilleurs de Cru.
16. Les Gras et les Maigres.
17. Le Devoir urgent de l'Heure présente.
18. La Suprême Honte.
19. Aux Socialistes français (France et Belgique)
20. Regarde donc !
21. Une Insulte au Drapeau.
22. L'Etat-Educateur, le voilà !
23. La France est avec vous ? Jamais de la vie !
24. Vous n'êtes donc pas honteux !
25. Le Devoir social de la Femme française.
26. Ah ça ! vont-ils bientôt finir de banqueter ?
27. C'est ça, la République ?...
28. Voilà ce qu'on en fait... de nos Enfants.
29. Mais faites-le donc, le Geste !
30. Mais le voilà, le vrai Péril !
31. Ouvriers, ouvrez l'œil !
32. L'Eglise du Bloc. (Réponse au discours d'Auxerre).
33. Aux Paysans de France.
34. Les Prussiens du dedans.
35. Ils se casseront les dents !
36. « Tout va bien » pour les Juifs.

AUTRES PUBLICATIONS ET BROCHURES

La Liberté d'Enseignement

L'Etat Educateur, le voilà ! — Le Danger des mauvaises Ecoles — Un Tableau d'Honneur national.
La Voix des Clochers — Pour Dieu et la Liberté !

BIBLIOTHÈQUE NATIONALE — R F — IMPRIMÉS

www.ingramcontent.com/pod-product-compliance
Ingram Content Group UK Ltd.
Pitfield, Milton Keynes, MK11 3LW, UK
UKHW021633090726
13657UKWH00004B/1596